미안하다는 말의 집은 어디일까

연명지 시집

미안하다는 말의 집은 어디일까

달아실시선
102

달아실

보조 용언과 합성 명사의 띄어쓰기 등 본문의 맞춤법은 시인의 의도에 따른 것임.

시인의 말

"사랑해"라는 말과
"미안해"라는 말은
하나의 등뼈를 갖고 태어난 걸까?

사랑한다는 말과 미안하다는 말은
잊힌 목소리를 불러내 경계를 넘나들며 우리를 서로 연결해준다.
각자 독립적이면서, 자유롭다.

때로는 어긋나는 말 같지만 서로 쏠쏠한 조화를 이루고 있다.
힘들지만 포기해서는 안 되는 말!

사랑해와 미안해 사이에서 시를 쓴다.
하염없이….

시를 짓는 일은 봄날, 손목을 여는 일이다.

2025년 12월
연명지

차례

미안하다는 말의 집은 어디일까

시인의 말　5

1부. 엄마는 꽃의 뿌리여서 봄마다 홀로 눈부시다

냉동인간 동호회　12
물결무늬 짐승　14
꽃피는 서랍　16
서쪽 마녀　18
친환경 결별을 꿈꾸다　20
실행되지 않은 날들　22
봄을 어떻게 사용하느냐고 물었다　24
죽으면 눈치가 없어진다는 말을 들었다　26
신의 열쇠　28
시집 고아원　30
감쪽같은 섬　32
빠른 글씨는 거북이과　34
콩 까는 여자　36
사춘기, 오픈 중　38
가까운 곳이 먼저 늙는다　40

2부. 당신들은 정말로 누군가를 밀지 않았나요

쥐뿔도 모르면서 44
통통한 날씨 굿모닝 46
순종 48
죽은 사람에게 사과하기 50
이명 52
말띠를 찾아서 54
빨간 구두 56
당신은 서어나무입니까 58
할머니의 화로 60
머리 빗는 파랑, 산토리니 62
세로의 가출 64
화랑공원 남편 66
모과나무 아래서 오래 울었다 68
금붕어 씨는 혼술 중 70
버튼 72
산책하는 뱀 74

3부. 미안하다는 말의 집은 어디인가요

꿈속의 가족들 78
이것저것 샌드위치 80
목요일이었던 여자 82
비술나무 할아버지 84
사막은 다시 울기로 한다 86
고양이는 망을 보고 88
들어는 봤니, 검은 여관 90
낭떠러지 엄마 92
미안하다는 말의 집은 어디일까요 94
안녕, 바로크 96
레날라 — 숲의 어머니 바오밥나무 98
남쪽 마녀 100
열일곱 마르코 폴로 양 102
나만 모르는 다음 모자 104
잠행 106

4부. 당신들이 사는 세상은 몇 시인가요

계란프라이 마셔요 110
구줄나무 112
유월의 입술 114
큰엄마 116
슬픔을 입양한 봄날 118
러시안 블루의 다섯 번째 계절 120
맨드라미의 거울 122
사월의 슬픔을 굽다 124
밀림을 건너다 126
닥나무의 주소는 어디인가요 128
연두의 등이 사라진 후 130
고양이가 우산을 쓰는 이유 132
쾌청한 머리카락 134
아베와 마리아 136
검은 얼굴 양 138
거룩하게, 한 판 140

발문_ 연민과 애도의 맞춤법들 • 김경주 143

1부

엄마는 꽃의 뿌리여서
봄마다 홀로 눈부시다

냉동인간 동호회

-이 이야기는 먼 훗날을 빌려와
쓰는 이야기입니다.

우리를 일컬어 해빙기의 인류라고 부릅니다.
남극의 설산보다도 티벳의 고산보다도 더 추운
냉동의 시간을, 잠자는 진화를 견뎌온 인류입니다.
아주 먼 과거의 병을
미래로 옮긴 인류들입니다.
미래에 가서 과거를 치료하려 했으니까요.
우리는 미래에서 과거의 백과사전으로 불립니다.
희귀 감정을 소유한 부류,
단명의 상징으로 연구 대상입니다.

화씨의 세계는 되돌아가버렸습니다. 이곳은 곰팡이조차도 피지 않았고
  어제의 온도는 기억나지 않아 마지막 염려의 목소리를 오래 꿈꿉니다.
  우리는 추운 잠을 자는 모임, 울 것 같은 오후에 깨어난 사라지지

않은 사람들.

일기예보에서
내일은 눈물이 녹을 수도 있다는 예보

그들의 모임이 있고
수다는 점점 녹아 사라집니다.
섭씨를 견딘 사람들에게는 한랭전선 수치들이 있습니다.
겨울의 종족은,
한 번쯤 녹았던 종족들일 겁니다.

물결무늬 짐승

상도동 살 때의 일이다
닦아놓은 방과 마루에
물결무늬 짐승의 발자국이 찍혀 있었다
진흙탕을 지나온 듯
건기를 피해 우기를 찾아온 듯
갈피를 못 잡는 발자국으로 보아
쉽게 모습을 나타내지 않는
희귀종이거나 멸종 위기의 짐승이 분명했다
손잡이를 구별한 걸로 보아
다섯 개의 손가락이 있는 유인원
옷가지를 흩트려놓은 것으로 보아
주둥이를 쓰는 짐승
순서와 경우와 예의가 없는
불법의 짐승

물 한 방울 없는
물결무늬 발자국은 가벼웠다
가벼웠다는 건 빈손의 상징이지만
배후엔 또 배고픈 짐승이 있었을 것이라는 것

물결무늬 발자국이 흔들리는 것은
남의 것을 탐하지 말라는
열한 시의 종소리였을까
모든 원인에는 배후가 있으므로
모든 행위에 대해 분노를 유예했던 일
그리고 며칠 뒤, 구석에서 떨고 있는
미처 닦아내지 못한
발자국 하나가 떨고 있던 일
상도동 살 때의 일이다

꽃피는 서랍

　서랍 밖이 그리운 꽃무늬 옷들 서로의 냄새로 봄을 주고받으며
　달맞이꽃 피던 시절을 중얼거린다

　한 계절을 지나온 어제의 울음이 차곡차곡 접혀 빛이 바래도 꽃은 꽃이다
　지금 꽃은 다른 얼굴을 하고도 꽃시절이다

　그녀의 하얀 얼굴을 웃게 하던 꽃무늬 잠옷, 얼룩을 품은 어떤 꽃들
　빨간색 립스틱을 들고 거울을 본다

　봄날에 잃어버린 사람들 서로 다른 하늘에 잇대어 닮아가고
　피고 지는 것들이 두 눈 가득 차오른다

　꽃들이 돌아눕는 새벽 몰래 서랍을 빠져나간 낡은 진달래꽃이 바스락 눈물을 쏟는다 서너 명의 엄마가 서랍을 떠나지 못하고 봄마다 꽃망울을 피워낸다

엄마를 벗고 부활한 꽃들, 본래 엄마는 꽃의 뿌리여서 봄마다 홀로 눈부시다

서쪽 마녀

바람이 불지 않았는데 새들이 흔들렸다는
소문은 반복적으로 불어왔다

축제가 끝나기 전 골목이 닫혔다

할로윈을 제대로 읽어낼 시간이 부족했다
흥분한 토끼들이 당근을 던질 때
새들은 서로 등 떠밀려가는 중
골목에 갇힌 새들은 모퉁이 하나만 돌면 된다고
겁 없이 말했다

혼돈의 시간
햇살은 무심하게 그들을 훑고 지나갔다
서서 녹아내린 사랑이 아프게 스며든 골목
사람의 몸을 빌려 태어난 서쪽 마녀는 골목을 벗어나
어디론가 사라졌다

낭떠러지를 닮은 골목
죽음이 출렁거려도 아무도 보지 못했다

날개를 접은 새들이 떠나지 못하고 이태원 절벽을 서성인다
흔적을 찾을 수 없어 죽었는지 살았는지 모른다는
절벽 아래 푸른 파도가 윙윙 현을 켜고
좁은 틈 하나 내줄 수 없던 골목에 일찍 피어버린 하얀 국화꽃들

새들의 심장은 세상 모든 어미들 태중에 들고
그들을 아름답게 잠재워야 하는 우리는 자주 슬픔을 껴입는다

친환경 결별을 꿈꾸다

어느 순간에 다다라 앞과 뒤를 딱 자르는 결별
결별은 긴 중독의 날들을 끊고
대답 따윈 하지 않는 이름이 되는 일

내성이 강한 울먹거림으로
방치의 방식으로, 대체의 방식으로 우리는 결별을 진행한다.
당신들은 이미 충분히 병들고 앓았으므로
갉아먹을 남은 병명이 없을 것이고
남은 사람들도 그럭저럭 편안하다.

굳이 말하자면
친환경 결별인 셈이다

죽은 사람과 산 사람의 이름으로
가족 관계를 요구할 때 어깃장을 살핀다.
당신의 이별 방식은 두통이었고
코피를 숨기며 이별을 준비했던 나는
수첩 속에 핀 붉은 꽃잎들처럼 어리둥절하다.

주인 없는 마당에 방치된 구근 식물들에게 옮아 붙은 기침 소리와 다년생 유지維持를 받든다.

땅에 심겨진 것들은 환생이 빠르다.
우리들의 귀는 점점 멀어지고
남겨졌으므로 서로 사랑하라는 말 모아지는 곳에
쓸쓸한 무덤을 썼다.

실행되지 않은 날들

두 겹의 슬픔을 입고 잠수를 했다는
잠수사의 말에서 찢어진 숨비 소리가 길게 새어 나왔다.

소흑성으로 옮겨갔다는 소문을 끌고 나타난 빈 입술들, 빈 말들을 쏟아내며 부풀어간다. 궁금증을 들여다본 얼굴과 회피한 얼굴의 차이를 선별했다.

아프다는 말, 그건 살아 있는 사람의 것.

숨어 있었던 날들이 팽목항에서 팽하고 돌아앉는다. 실행되지 못하는 이름들 노란 깃발로 전환되는 저녁 쉬쉬거리는 귀가 펄럭인다.

타인의 상처에 소금을 바르는 입술들, 세상 모든 귀에 찢어진 눈을 단다. 사계절 내내 계절이 엇갈리는 곳, 팔리지 않는 역사가 매 순간 탄생하는 곳.

안녕하세요가 촬영되는 봄밤, 실행되지 않은 이름에 대해 의문을 가져야 하는 각오의 눈가가 짓무르는 밤.

세상에 장식을 단 슬픔은 없어.
그러니까, 그 눈으로 그 귀로 기웃거리지 말아줘.

봄을 어떻게 사용하느냐고 물었다

머리맡에 오래된 이름이 드나드는
낡은 필름을 두고 잔다
그리운 얼굴이 접혀 있는 잠은 꽃들의 눈물로 흥건하고

지나간 말을 부려놓은 곳에
잠그지 못한 울음들이 엉켜 있다

오래된 붓을 담그면 물방울들이 길을 연다
그 아득한 풍경에 닿아 있는 숨
혼자 숨어 핀 꽃들의 자리에 바다의 심장이 있다
물속에 핀 꽃들이 노랗게 울렁거린다

어떤 봄은 용기를 내서 울어야 사용할 수 있다

가라앉은 손들이 울컥 게워놓은
슬픔마저 빠져나간 깊이를 알 수 없는 눈빛들
껴안았던 날들이 가지런히 놓여 있다

미안하다는 말이 돌아오는 봄

기일에 만난 우리들 말 속으로 말아 올려지는
두고 와서 미안해

죽으면 눈치가 없어진다는 말을 들었다

눈치 없이
죽은 엄마가 불쑥불쑥 잘 나타난다
눈 속에 그렁그렁 고인다

비밀이 없어진 장소에
울면 안 되는 곳에
또 눈치 없이 들썩이는 어깨로 나타난다
명랑한 어깨,
죽으면 말이 필요 없다더니
말대꾸는 더더욱 모른다더니
이기적으로 내 어깨를 흔들어댄다

어젯밤 꿈속에서 엄마는
아카시아 꿀을 먹고 있었다

천국으로 가면서 엄마는
절반의 엄마를 두고 갔다
천연덕스럽게 돋아나는 숱한 엄마를
들키지는 않는 날이 올 것이지만

친구와 점심을 먹는 창가에
눈치 없는 엄마가 이십 대 생머리를 하고
카톡창에 나타났다
지우지 못한 엄마 번호가
빨간 스웨터를 입고 웃고 있다

잘 지내고 있느냐고 묻고 싶은 검지
번호로 조합된 숫자들은
죽음과 삶을 동시에 돌아다닌다
굳은 엄마의 꿀을 흔들어본다
단내를 품고 있는 엄마의 꿀
죽으면 눈치가 없어진다는 말을 들어본 적이 있다

신의 열쇠

그는 기가 막힌 열쇠를 가지고 있어요
일몰을 사랑하는 다정과 닿아 있는 열쇠랍니다

바람의 무게를 조절하는 정원
 할 일을 마친 꽃들이 흘러가도록 밤의 문이 열리고 있어요

구름의 입김으로 물의 넓이가 작아지는 오후
 그런 날은 종일 그늘만 바라보다 어둠에 먹혀버린 꽃소리를 살려내야 해요

빛을 잃은 자리마다
신은 햇살 모서리를 잘라 정원에 풀어놓아요

정원을 떠난 꽃들의 무덤
꽃의 이마 근처에서 비가 내려요
비는 꽃에게 몰려와 흘러가자고 말하지요

구름의 습기가 꽃의 뿌리들을 일으키고 있네요

습도와 햇살의 온도를 깨닫게 하는 신의 정원은 깊고 넓어서
수천 권의 이야기도 품을 수 있어요
흘러가지 못하는 꽃들을 열어줄 기가 막힌 열쇠가 있어요

시집 고아원

　말의 좁은 산도産道를 지나가요 조심스럽게
　초원을 뛰어다니던 목소리들이 담장을 넘고 남 이야기 하듯 가볍게
　말을 좋아한 사람들이 말을 모아 집을 짓고
　출산을 했다고 축하를 받아요

　읽는 사람의 심장을 다치게 하는 살아 있는 말들이 좋다고, 말은 당근을 먹으며 오물거려요

　엄마 손을 놓친 불안전한 말들이 쌓여가는 식탁에서
　내가 모르는 한 사람의 말을 발라먹고 있어요
　가시가 눈을 찌르기도 해요

　빛바랜 사진 속에 웅크린 문장을 만나면 슬픔은 먼지처럼 날아가요
　우기에 젖어 있던 지난날을 스윽 열고 들어와 이마를 짚어주는 문장이 나를 살게 해요

　말이 잘 자라도록 정성을 다해 물을 주고

가만가만 쓸어주다 토닥토닥 등을 두드려주고요
일상과 나의 몽상 사이에서 즐겁게 거닐어요

아무 일도 일어나지 않을 것 같은 시집 갈피마다 지문들이
울컥울컥, 고여 있어요 버려진 시집들
잊힌 것들을 다시 부르는 밤이 제일 무서워요

머릿속에 가끔 에러 창이 뜨는 날은 허리를 비틀며 나아갔어요
시집 속에 잠시 앉아 있다 일어나면 말들이 장난치듯 새벽을 만나는 날이 있어요

시집을 벗어난 새들은 모두 고아가 되지요

감쪽같은 섬

함께 있어도 시차가 다른
또 하나의 섬
밀물과 썰물처럼

수천 권 책으로 둘러싸인 섬
그 방엔 그가 주인이지
찾아온 밤을 돌려보내고 낮을 베고 눕는
그녀는 외로운 섬

섬을 업어 키운 늙은 섬의 귀에
햇빛이 노크를 해도
섬의 창문을 열 수는 없어

밀물에는 섬에 닿을 수가 있지만
썰물이 오는 시차는 지구 반대편
불안을 껴안은 늙은 섬의 무릎에 서리가 내리지

섬으로 빨려 들어간 수천 권의 책들은
페이지를 넘기며 건너가고

섬의 문장에서 패각류 소리가 나는 밤이면
섬을 둘러싸고 있는 물의 소리들은
다른 섬들을 불러오기도 하지

섬은 오갈 데 없는 새들을 따라
며칠째 집을 비우지
딸랑딸랑 꼬리를 흔들면
섬의 언덕을 채운 책들을 읽을 수 있지

배고픈 뒤꿈치를 들고
살금살금 새벽을 기웃거려
그나마 주방이, 숨 쉬는 섬을 키우곤 하지
감쪽같은 섬
책의 목차에도 보이지 않는

빠른 글씨는 거북이과

쓰다 모아둔 몽당연필,
그 몽당연필에서는 짧은 글씨와 빠른 글씨가 나왔다.
어쩌다 너무 빠른 글씨는 도무지 알아볼 수 없다.

아이는 넘어지는 기록으로 울음을 쓴다.

기록의 날 속에 고군분투하던 몽당연필이 있었다.
비밀 속에 가족을 숨겨놓고
구석을 전전하던 몽당연필의 무덤은 오래된 필통.

할머니와 몽당연필은 점점 짧아져 간다는 공통점이 있어 돋보기 너머로
글자를 식자할 때마다 느린 눈이 가늘게 글자를 따라가곤 한다.
침을 묻혀 꾹꾹 눌러쓴 할머니의 일기에선 기침 소리가 자주 들린다.

뒷짐을 지고 떠난 몽당연필

아이를 기다리는 책가방,
빠른 글자로는 기다려지는 것들을 쓴다.
짧은 글자로는 기차의 역들과 시간표를 쓰면 된다.

가장 오래 잃어버리지 않은 문구文具
우리 집에는 잔소리하는
나이 많은 몽당연필이 이제 없다.

콩 까는 여자

B형 여자를 까면
먼지 위에 싹을 틔운 콩이 튀어나온다.
콩 구르는 소리마다 구석이 생겼다.
구석은 무릎을 꿇고 고개를 숙여야 보이는 곳
자칫 찾지 못한,
갸웃거리는 고개들이 싹을 틔우는 곳,
그러므로 가만가만 쓰다듬듯 콩을 까라는
구석의 조언助言

흩어진 진심들
식탁으로 모아지고
속상하게 속이 빈 콩깍지들에게선
튀어 나간 것들로 움푹했던
비릿한 후회가 나열되어 있다.

얕은 잠 속에서 멀리 두었던 실수를 반복하다
아침 햇살에 눈뜬다.
한결 가벼워진 여자의 나른한 종아리에서
새끼 쥐들이 줄줄이 도망간다.

생육하고 번성하고 충만하라는,
적절한 밤이 콩 꼬투리마다 들어 있다.
태어난 지 얼마 안 된
콩들도 줄줄이 깍지를 떠나
친밀하게 보글보글 끓는다.
콩은 모두 알알의 구석을 키우고 있다.

사춘기, 오픈 중

만나는 꽃들마다
흥, 너 나를 닮았구나.
단지 삐딱한 바람을 사귀었을 뿐이라고
흔들리는 다리
눈치를 말아먹은 꽃들이 깜빡거린다.

꽃들의 기분은 반올림,
곁눈질로 살펴야 한다.

만나는 너희들에게서 나를 배운다.
몸엔 붉은 곳들이 곳곳 생겨나고
웃음 끝에 레이스가 달리고
감정을 꾸미고 말투들의 끝에
모호한 화원花園을 가꾼다.

네, 네, 옳은 말씀들에 맞서
꽃들의 사춘기는 오픈 중이다.
남자아이들은 접은 바짓단에서
쑥쑥 키를 가져오고

여자아이들은 언니의 체형 속에
들락거리는 날이 많았다.

낮 동안만 유효한 쌍꺼풀
손바닥에 피던 소름 꽃을 몰래 버리고
해 뜨는 집을 향해 걸었다.
읽지도 않은 명작을 옆구리에 끼고
누구라도 손 흔들어주고 싶은
회오리치던 싱싱한 나이

사춘기는 사람의 봄
따뜻한 나이의 봄

가까운 곳이 먼저 늙는다

아버지, 귀가 늙는다.
방향을 잃은 나침판들만 가득하다.

여름, 주변이 온통 귀들의 천지다.
딸이 어렸을 때는
귀가 꽃처럼 천진했다.
참외꽃 도라지꽃 분꽃을 닮은 귀
그 귓속으로 딸은 수시로 들락거렸다.
키우던 햄스터를 귓속에 넣어놓고 놀러간 딸
깜박 잊은 것들을 귓속에 남겨두고
딸은 시집을 갔다.

이제 귀는 수식을 거부한다.
누구의 삶에도 각주로 서성이고 싶지 않은 귀
어린 목소리들이 다 자라서 넘쳐나는 귀

엄두들은 먼 곳에 보내놓고
가까운 곳들이 늙는다.
작고 가는 글씨들이 늙는다.

짧은 치마와 짙은 화장과
발랄한 무례함이 쯧쯧 늙는다.

관계들마다 서운함이 고령으로 깃들고
길목마다 기다리는 우울들
귓속의 이명들과 두런두런 나누는 말
말들이 점점 젊어지고 말투들이 늙을 뿐이라고

아버지 몰래 아버지의 먼 귀가
작고 가는 글씨들이 내게 귀띔한다.
사실, 아버지가 늙은 것이라고

2부

당신들은 정말로
누군가를 밀지 않았나요

쥐뿔도 모르면서

쥐뿔도 모르면서, 하는 말
너무 당연한 말이라는 생각이 든다.
쥐를 생각하면 벽에다 반달을 뚫어놓고
캄캄하게 드나드는 밤의 꼬리가 생각난다.
반달을 열고 그 속에서 숨어 있다가
혐오의 시간대에 먹이를 찾는 쥐
건물마다 으슥한 곳에는 다 반달이 떠 있다.

쥐는 동화 속에서 물길을 뚫거나
줄을 끊는 장면으로 바쁘다.
반달 속에는 부끄러운 뺨들이
서로 빨갛게 쥐뿔을 맞대고 있다.
고양이는 누군가의 비밀을 좋아해서
깊어지는 소문에 끌려
입가에는 늘 비릿한 수염이 쭝긋거린다.

우리는 쥐에 대해선 너무 잘 알고
다만 쥐뿔에 대해선 모른다.
그러다가도 찍찍거리는 소리를 들으면

그 소리가 마치 뾰족한 뿔 같다는 생각을 하는 것이다.

쥐는 크기를 잴 때
수염에 힘을 줘서 자나 각도기로 사용한다.
집안 곳곳에 숨어 있는 반달의 크기는
쥐의 수염이 재놓은 크기다.
쥐가 좋아하는 달은 11월
짐승들은 다 맨발이지만 쥐는 유독 빨간 맨발.

쥐뿔도 모르는 것은 당연한 일
그러니, 당신들 입술이나 개켜서
고방 시렁에 얹어두시길.

통통한 날씨, 굿모닝

요즘은 통통한 날씨가 주류죠.
뒤뚱거리는 신발을 파는
거리의 신발가게를 알고 있죠.
주인은 말했죠, 신발은 리듬이면서 악기라고
꼼지락거리는 꽃잎이라고 했죠.
지난여름은 너무 빼빼 마른 날씨가 계속되었죠.
욱신거리는 비들은 뚱뚱한 구름을 열고
비만의 장마를 몰고 왔죠.
풀들은 통통하게 살이 올랐고
원한다고 어디서나 살이 올라선 안 되죠.
잠자리들이 숨을 참고 날씬해지면
날씨는 파란 옷을 벗고
체크무늬 갈대밭이나 순면의
뭉게구름으로 갈아입죠.

살찌는 날씨죠.
저 파랗고 빨간 날씨들이 어디로 가겠어요
통통하거나 깨알 같은 열매들이 되죠.
누구나 통통하게 굿모닝,

날씨는 곰의 방식으로 겨울잠을 자지요.
낙엽을 들추고 얼지 않는 구근에 기대어
겨울을 흉내 내다 보면 어디선가 물이 녹지요.
곰들은 자신의 잠을 아주 맛있게 먹는 동물이죠.
자신들의 몸 안에서 의젓하게 식사를 하죠.
바람은 말이 없어서, 자유롭게 방치되어서
겨울스럽게 통통해진
외투들이 몰려다니지요.

순종

흐르는 개울가에 서 있을 때
내 발목이 물살을 거스르고 있는 것을 알았어요.
순종의 역사란 곧
흘러가는 물의 역사가 아닐까요?
그러니까, 발목은 반항하는 여울이에요.

순종은 취약 지점을 알고 있어 난폭해요.
가장 높은 곳을 꺾을 수 있는 곳에 깃들어 있어
봄날은 **빳빳하게** 싹트지만
바람이 스며든 풀들은 부드러워지죠.
온순한 짐승들이 여름의 풀을 즐겨 먹는 이유죠.

메뚜기는 바람이 불 때를 알고 있어요.
바람이 부는 방향을 타고 멀리 날 수 있는
순종을 숨기고 있어요.
신이 메뚜기의 날개를 기억하는 방식이죠.
또 간밤에 뒤란에서 쿵쿵 모과가 떨어진다면
순종이 이루어지고 있다는 소리예요.
약간의 순종은 덜 미안해도 된다는 알림이죠.

그러니까, 무릎을 걷어 올린 바짓단은
순종의 각오일 거예요.

나는 어릴 때 겨울날 정오에게
순종하는 소리, 복종의 화음을 배웠어요.
처마 밑 순종의 반짝임, 고드름을 기억하고 있어요.
날것의 곡식이 닭들을 불러 모을 때
구구구 엄마의 입속을 순종하던 마당이 있었어요.

빌딩의 목에 순종하는 자라목들의 아침
순종을 긁으면 착한 사마리아인들이 떨어져요.

죽은 사람에게 사과하기

살아 있는 사람의 입으로
죽은 말을 읊조린다.
말끝마다 대답을 지운다.

생전의 그늘에서 키운 말, 찡그린 얼굴에서 자란 말, 살아 있는 빗장을
뚫고 죽은 말을 날려 보낸다.

글썽이는 말투로 가시가 박힌 화법으로 사과를 하고 싶다.

어디에도 없는 귀를 찾는 말로 죽은 사람들의 무안無顔을 찾아
사람으로 한 행동을 죽은 사람의 관용으로 용서 빌고 싶다.

거울은 매번 안개처럼 축축하고 다만, 거울을 보듯 사과의 표정을
연습하고 흥건하게 거울에 눈물 고일 때까지 기다렸다가

죽은 사람을 위해
귀 하나를 열어놓고 용서를 기다린다.

이명

 느닷없는 소식이 알 수 없는 경계를 넘어왔다
 찰나에 다녀간 번개에 감전되어 까맣게 타버린 슬픔이 온몸에 달라붙었다

 너는 이제 여기에 없는 이름, 하늘과 땅이라는 간극에서 우리의 마음은 골절되었다

 우리의 소란한 슬픔은 너에게 닿을 수 있을까 무수히 도망쳐온 통증에서 아득히 멀어져 타인의 울음이 스미지 못하도록 검은 리본 아래 무심한 듯 해맑게 웃고 있구나

 너는 나를 몇 번이나 이모라고 불렀는지, 눈을 뜨고 견뎌야 하는 눈이 울렁거린다 들썩이는 어깨들이 사랑이라는 이름으로 서로서로 고개를 묻는다 어르신들 입안을 살피느라 고개가 아프다던 너, 서로 다른 슬픔의 시차 앞에서 비로소 우리는 다시 묶일 수 있었다

 젖은 그늘이 번져 있는 8호실, 머뭇거리며 바라본 풍경은 비어 있고 바닥에 닿을 수 없는 그림자들은 적요하다

창문조차 만들 수 없는 곳에 너를 두고 오던 날은 겨울비가 내리고 이명처럼 달라붙는 목소리는 오랫동안 누군가를 두리번거리게 할 것이다

말띠를 찾아서

나는 사람의 나이와
동물의 순서로 태어난 사람
그래서 약속된 줄을 잘 서는 사람

낙화落花를 생일로 정해
환한 그늘을 닮은 사람

말은 올가미를 싫어하고
옆구리를 차는 박차를 원수로 둔 동물

말은 너무 바쁜 동물
트랙을 만나면 질주하는 순위順位를 꿈꾼다.
전래동화에 빠지지 않고 불려 다니는 말
이야기에는 너무 많은 들판이 있어
말은 가끔 줄거리를 끌고 달린다.

목책 안엔 푸르른 일과가 빼곡하다.

말띠 여자와 많은 것을 바꾼 뒤부터

때로 자기조차 잊은
말의 빚을 받으러 온다는 전설 아래에서
나는 가끔 수호의 동물이 되고
그 동물에 묶인다.

나의 말은 여전히 바쁘고
말띠 여자와 말은 서로의 교차점을 지나친다.
어쩌면 나와 평생 못 만날 수도 있다.

빨간 구두

사과밭에는 파란 구두들이
빨갛게 익어간다.

아홉 살의 맨발이 울었었다.
빨갛게 굴러간 구두는 화장실 구석에 웅크려
한나절 지루한 코를 막고 있었다.
사과꽃들이 으앙, 으앙, 운다.

사과를 깎으면
구두끈이 길게 딸려 나온다.
사과의 옆구리와 눈 맞은 4B 연필
동그라미를 깨뜨리고 대신
빨간 구두를 그리고 말았다.

사과 속에는 깡충깡충 뛰는
사과 씨들이 숨어 있고
파란 사과를 빨갛게 익히는 것은
사춘기 발목 같은 사과 꼭지들의 여름 한낮
각자의 구석으로 빨갛게 오해했었다.

햇살은 사과에 닿지 않았고
심심한 비를 품은 사과에는
맹맹한 시간이 마냥, 마냥 지나갔다.

아득하게
파란 날들이었다.

기억의 외진 구석에는
빨간 사과 한 켤레가 있다.

당신은 서어나무입니까

눈 위에 발자국도 없이 엽서가 왔다
이번 주말에 서어나무 숲에 다녀가지 않겠니

우리가 모르는 긴 시간 동안 서어나무는 해풍의 중심에 서 있었다
별이 떨어지는 흔한 저녁이면 절룩거리는 걸음으로 자신의 관절마다 바람의 숨결을 묶어주었다 돌아 나올 수 없는 오래된 혈관들이 구불거렸다
별일 없이 불어오는 바람을 등진, 약간의 사람들이 고개를 들고

당신은 서어나무입니까

바람의 한 동작마다 바다의 눈물들이 글썽거린다
비틀린 가지마다 아버지의 수첩에서 가져온 서사들이 가득하다
서어나무의 통증이 깨어나는 밤 해풍이 가르랑거리며 몰려다닌다
우리가 멀리 밀어냈던 새벽

아낌없이 아침을 닫는 나직한 목소리

눈앞의 고통만 보면 바다가 보이지 않아
바닥에 납작 엎드려 바람이 지나가기를 기다리렴

할머니의 화로

허그를 하지 않으면 헤어진 것 같지 않아

연잎을 흔드는 초여름 곡비 소리
막내아들 태운 상여가 골목을 돌고 있었다
빈 곰방대를 문 할머니의 허리가 반나절
목련꽃처럼 부서졌다

서로를 껴안을 수 없는 꿈속에서 만나
너무 오래 살았다는 말만 구석지다
흰 목련의 발목을 바라보는 눈빛
허공을 향해 중얼거린다

이제 마흔인 너는 초여름 연꽃으로 울겠구나

서쪽으로부터 날아온 새들은
오래 짓무른 눈가를 쪼아대고

어제의 불씨들은 지나가는 바람을 따라가고
할머니의 화로는 먼지들의 서랍이 되었다

애틋했던 사람들은 서로 데려가고
따라간다는 말에는 의문이 묻어 있다
봄은 처연하게 수파련水波蓮을 피워 올렸다

나는 할머니와 허그하지 않았다

머리 빗는 파랑, 산토리니

 벼랑 끝 이아마을에는 하양과 파랑이 있어
 멀리 동방예의지국에서도 찾아오지

 초승달 모양의 검붉은 절벽 능선에 눈이 내려앉은 듯한 섬,
 베네치아 사람들은 성 이레네를 추모하며
 벼랑에 옹기종기 모인 마을에 산토리니 이아마을이라는 이름을 주었어
 사람들은 하얗게 벽을 칠하고, 교회의 둥근 지붕에 파란색 빵모자를 씌워주었지
 부지런한 후손들 매일 하얀색을 칠하며 전통을 이어가고 있어

 파랑과 하양을 말려 멀리 아주 멀리 보내기도 하지
 하지만 하양과 파랑은 서로의 바깥 에게해에서만 내내 환하지
 신기루 같은 색들을 물에 풀면 파도가 철썩철썩 아름다운 일몰을 풀어놓지
 화산섬의 비밀이 그리운 사람들 로망을 안고 뱃멀미를 참아내지

좁은 골목을 꽉 채운 파랑에 홀린 사람들, 세상은 알 수 없는 모호한 사진들이 너무 많아

 파랑에 담긴 오십 년 로망에 속았다는 어떤 이는 다시 파랑을 찾아 떠나고 우리는 파랑에 붙들려 바쁘게 팔짱을 끼었어

 경사가 심한 골목에서 파랑을 뛰쳐나온 머플러를 깔고 앉아 그리스인 조르바를 생각했어

 몸속 어딘가에 있는 우울을 꺼내 아무렇지 않게 맨발로 춤추기 시작했어
 삶을 춤추듯 즐기라는 조르바 손을 잡고

세로의 가출

세렝게티 대초원에서 풀을 뜯는 루루 엄마와 가로 아빠가 느리게 재생되고 있어요

햇살 사냥터에서 그랜트 얼룩말은 겹치는 동선이 많은 종족이죠
무리를 떠나 홀로 지낸다는 것은 상상하기 어려운 풍경
고향인 야생으로 돌아가 풀을 뜯고 싶었을까요

혼자 남겨진 하루하루가 불안의 연속이지요
엄마 아빠는 그를 두고 어디로 갔을까요
아무리 기다려도 오지 않아
저 울타리를 넘어 찾으러 가야겠다고
세로는 가출을 했어요
사육사 누나와 형들은 엄마와 아빠가 아니잖아요

처음 본 도시에서
이 골목 저 골목 헤매고 다녀도 어디에도 풀밭은 없었어요

사춘기를 막 지난 청년기
가출은 그가 택한 최후의 선택일까요
어설픈 반항일까요

마취총에 정신을 잃고 돌아온 곳에는
쓰러진 울타리만 보여요

루루 엄마와 가로 아빠는 아프리카 세렝게티에 합사했
을까요

화랑공원 남편

노란 민들레인 줄 알았나요
씨가 다 날아간 바짝 마른, 전혀 민들레가 아니었군요

정의가 아닌 것은 바로잡아야 한다고 믿어온
낭장결의를 외치던 사다함*은 모르는 게 많아졌어요
촛불을 들고 그의 가슴을 두드려도 열리지 않아요

화랑공원 창문에 블라인드를 치는 일이 소명이라고
오얏나무 아래서 갓끈을 고쳐 매는군요
전혀 사실이 아니라는 말에 의문점을 가져도 될까요

스스로 날개를 내어 소문에 주목하는
품행이 참신하다고 믿는 당신들
깊은 모략과 삭발은 서로 다정하지요
대규모 슬픔들이 몰려다니는 공원 한결같던 풍경들은
알고 있어요

청결한 여부에 대해 여부를 묻는 두 손들,
분노와 상처를 서로 주고받을 때 무관령*의 귀는 바다

한가운데 누워 있어요

갈라진 틈을 채워 줄 당신들
이제 화랑공원 남편에 내리지 않는군요

* 신라 진흥왕 때의 화랑.

모과나무 아래서 오래 울었다

지난밤, 까치 한 마리
어느 잠의 습관에 둥지를 틀었다.
고슴도치 교사의 숙제를 거부하고
코를 골며 꿈을 꾸었다.

머리가 청결한 자는 파랑새를 볼 것이라고
잠의 예언을 받았지만
헝클어진 까치집에선 까치들이 태어난다.

고뇌는 헝클어진 집의
쓸모없음으로 가득했다
도시 어딘가에 두고 온 집
앙상한 뼈들은 회의 중일 것이다.

땅 한 평 없이 돌아간
아버지의 평생이 검게 젖는 밤
모과나무 손 아래서 엎드려 울었다
눈물은 이제 하늘 쪽으로 기울고
울던 등뼈가 아프다.

서러움이 앞서가는 아침
아버지 손전화는 수몰 지구다.

잘 도착하셨나요?
아버지.

금붕어 씨는 혼술 중

봄, 금붕어 씨들
겨울 동안 깜박 잊고 있던 꼬리가 생각나지
살랑살랑 햇살이 따뜻하지

한겨울, 금붕어 씨들도 두꺼운 외투를 입지. 바람의 종류라면 저가 쉬는 숨까지도 줄이고 느린 꿈의 줄거리를 따라다니지. 기웃거리는 햇볕이 없어 간이 창문을 열고 추위에 취하지. 글리코겐을 분해해 에너지를 얻으며 겨울을 나고 알코올을 배출해 금붕어 씨 혈액 속에 맡겨놓지. 취기는 아가미를 들락거리며 금붕어 씨를 보살피지. 산소가 부족해도 금붕어 씨는 명랑하지.

비늘에 기록된 물의 골목들을 산책하다 햇살이 반가웠던 어떤 날 마지막으로 했던 말들에 대해 생각을 나누며 물의 모서리들을 용서하기도 하지.

인간들은 면허 취소된다는 혈중 알코올 0.05%가 되어도 수면 아래로, 아래로 술의 가잠을 자는 동안 눈을 뜨고 코를 골기도 하지. 눈을 뜨고 자는 잠결에도 금붕어는 만

취 중이지.

　긴긴 겨울 동안 모든 날들이
　아무 소리 없이 취하고 있는
　금붕어 씨들의 잠

버튼

할로윈의 버튼은 치명적이다

오래전 켈트족은 새해 첫날에 무서운 가면을 썼다
열 개의 문을 더 가진
모든 길의 끝을 알고 있는 죽은 사람의 영혼은
따뜻한 체온이 그리워 사람들 몸을 옮겨 다니기에

공중을 오가는 새들 가면을 쓰고 유령들이 몰려오고 있다고
새들의 목소리로 지저귄다
바람의 뜻대로 불러온 저녁 길은 정지되었고
흔들리는 사람들이 외치는, 살려달라는 말은 구름이 되었다
골목을 덮은 사람들 곁에
서로 포옹한 채로 죽은 사람들이 서서 녹아내린다

풀어진 운동화 끈들
창백한 지문들을 웅크리게 하고
비명이 빠져나간 골목으로 긴 슬픔이 나풀거린다

당신들은 정말로 누군가를 밀지 않았나요?

산책하는 뱀

산책하다 오래된 뱀을 만났어요
왼쪽 오른쪽을 돌아다니다
뱀을 밟고 있다는 사실도 몰랐어요
온몸에 창문이 달려 있는
이런 뱀은 처음이에요

뱀은 양쪽을 이해하는 그늘과 배려하는 벽을 좋아해요
그러니 뱀에겐 오르막도 내리막도 있어요

너무 깊은 뱀을 따라가는 일은 위험해요
 모르는 햇살이 담장을 열고 두 갈래 설득력으로 날름거린다면
 라일락을 기웃거리는
 독을 숨기고 있는 것이 뻔해요

신문은 어디서나 던져지고
여러 생각을 불러들이는 휘파람 소리
카프카의 산책과
착란의 달을 숨겨줄 수 있는 창문은 이미 잠겼어요

구불구불 방향을 물으며 가는 뱀은
이미 마을이 되어 있어요
막다른 곳에 다다르면 뱀은 똬리를 틀고 끝집이 되고
끝집이 없으면
아름다운 뱀이 될 수 없어요

3부

미안하다는 말의 집은
어디인가요

꿈속의 가족들

꿈에서 듣는 말들은
효과 좋은 비책 같다.
숫자를 알려주면 복권을 사고 꿈속에서 받은
탐스러운 과일은 가까운 친척의 아이로 잉태되었다.
현실에서 힘없던 사람들이
꿈의 가족이 되고 나면 모두
전지전능의 선몽을 하는 예언자가 된다.

어릴 적 내 키는 꿈의 낭떠러지가 키웠고
꿈 밖의 빨랫줄에는 꿈의 오줌 자국이 걸려 있고
나의 불행은 꿈에서 어금니로 빠지곤 했다.
무서운 꿈은 이불을 뭉쳐 막아냈다.
사라진 사람들은 초인종도 누르지 않고
문을 승낙한 적도 없는데
달빛을 열고 들어와 거실 소파에 앉는다.
가족을 떠나고 나서야
화목한 가족이 되는 사람들이 있다.

꿈 밖의 나는 자주

꿈속을 비워두어야 한다.
빈 의자 하나 구석에 놓아둔 나는
떠난 가족이었을까 남겨진 가족이었을까.

슬픔은 귀로 들어와 눈으로 나가곤 하는데
꿈속의 사람들은 말이 없다.
몇 년 전에 죽은 사람들이
생생한 얼굴로 살고 있는 다정했던 사람들
꿈 밖보다 꿈속에 더 많이 산다.

이것저것 샌드위치

답과 질문 사이에는
부인과 수긍이 들어 있죠.
과일마다 신맛과 달콤한 맛이 끼어 있는 것과 같죠.
하늘을 향해 박히고 있는
토네이도 속에 소와 집과 자동차가
섞여 있는 것과 같죠.

맛있는 음식을 상상하면
포크가 춤추고 접시들이 달그락거리는 소리를 내죠.
샌드위치란 그런 맛일 거예요.
어정쩡하게 낀 맛
그 맛에 익숙해지면
맛없는 대답도 맛있는 거짓말도
다 맛있게 이해가 가죠.

샌드위치는 참 이국적이고
이국적인 아침을 꿈꾸기도 했지만
여왕들이 쓰는 포크에 대한 논의는
저녁이라는 이름으로 우리를 흩어지게 하죠.

식탁에는 몇 개의 귀가 있어요. 다른 사람이 들을 수 없는 소리를 적금을 붓듯
입에 넣고 우적거려요. 갈비뼈 사이에 끼어 있는, 두리번거리는 귀 가끔은
늦은 시간에도 의자가 끌리는 날이 있죠.

식탁은 가끔
귀를 닫는 나쁜 습관이 있고
샌드위치를 만들고 아이의 의자를 늘려주는
그런 날은 이것저것 샌드위치를 먹으며
웃음을 오물거려요.

목요일이었던 여자

발가락으로 물집이 오는 것은
오랜 부대낌에 대한 뒤늦은 해석이다
물집에 바늘을 꽂고
한 가닥 실을 걸어놓았던 당신과 나의 비방
그럼에도 물집은 안부이려니
전언이려니 생각했다

살아서 그다지 애틋하지 않았던
서로 등 돌리고 먼 곳을 얼굴이려니 했던
목요일의 주인이었던 당신,
체온이었던 물집으로 오고 있다
발목에선 비가 쏟아지고
경사진 얼음을 신고 안절부절못했던
비를 끊어줄 정류장은 지나쳐 갔다

목요일만 되면 복숭아뼈 근처가 아프다
가만히 커다란 물집 하나 포옹해 본다
발가락에 얼굴을 묻으니 흘러내리는
비에서 엄마 목소리가 달그락거린다

퉁퉁 부어 있는 저녁
우리들의 물집은 서로 밀착되어
토닥토닥 두런거리며
목요일의 주인이었던 엄마와 나는
뒤늦은 화해를 하고 있다

비술나무 할아버지

몽골 고비사막에 사는 비술나무 할아버지는 가지를 구부리고 산다
생각도 구부리면 다른 사람을 찌르는 일이 없을 거라고 자주 중얼거린다

양은 냄비처럼 끓는 사람을 만나면 한 걸음 비켜서서 가만히 숨 쉬라고 한다 뜨거운 말들이 다 떠나고 고요해질 때까지, 내면의 음성을 들을 때까지

건조한 땅에서도 잘 자라는 비술나무는 야생 낙타의 숨소리를 엮어
수백 미터 물기를 찾아 뿌리를 뻗는다
모래바람에 묻혀도 기어이 몸을 일으키는 비술나무
잎의 면적을 줄이고 세포 밀도를 높여 단단하게 자란다

한때 신의 긴 모호함이 견딜 수 없어서 비술나무 할아버지처럼 몸을 작게 웅크리고 단단해지기를 기다려봤다

너무 오래 방목되어 시큰거리는 시간은 들꽃마냥 시들

다가도 봄이 오면 싱싱하게 가슴을 열고 나와 다른 방법을 묻는다

 저기 봄을 업고 가는 어미들

 슬퍼하는 것도 능력이라고 말을 삼키는, 구부러진 가지가 한 자쯤 더 내려앉는다

사막은 다시 울기로 한다

오래전 바다가 두고 간 사막으로 간다

바다가 흘린 모래 비늘이 반짝일 때마다
물고기들이 튀어 오르고 계절의 통로로 슬픔도 오간다
모래보다 더 고운 가루로 사라지는 것들을 묶을 수 없는 바다는
숨을 놓쳐버리고, 담담하게 누군가의 계절을 철썩이게 했다

모래를 안은 바람이 일렁이며 물의 움직임을 기다린다
나이 들어가는 아침을 책 읽듯이 들여다보며 거울을 접는다
어떤 날의 오전은 웅크린 새벽을 입은 채 졸고
쓸 만한 생각들은 조금 비뚤어진 방식으로
내 세상에 와주어서 고마워

사막의 가슴을 열면 새 한 마리 날아오른다

누군가 두고 간 물병도 늙어 마른 풀처럼 누워 있다

사막에서 어떤 이의 끝날을 듣는 것은 그 사람의 온 생을 껴안는 일
　멀리 아틀라스 산맥에서 묻어온 소문은 바다가 사라지면서 두고 간 이름들
　바람을 밀며 사막을 건너는 일은 서로의 슬픔을 조용히 묻어주는 일,

　바다와 사막 사이 어딘가에서 길을 잃어버린 너는,
　홀로 우는 사막 안쪽으로 들어가 돌아오지 않고

　사막은 다시 울기로 한다

고양이는 망을 보고

알로에 화분이 붐비는 오후
햇살들 몰려다니며 알로에 가지를 돌본다
숨죽이며 오가는 햇살의 방향으로 기지개를 켜는 고양이의 몸에서 하품이 걸어 나온다

엄마의 정원에 알로에 화분이 오래 앉아 있다
초록 가지마다 고양이 눈이 애틋하다
엄마의 마지막을 지켜보던 고양이의 눈에 울음이 고여 있다

새로 태어나는 가지마다 살들이 물컹하게 올라오고
얼굴에 바르면 기미가 없어진다는 말이 뽀얗게 태어난다
몸을 숨기고 알로에만 키우는 엄마는 고양이처럼
소리를 내지 않는다 화분 곁에서 웅크린 잠을 자면서
보고 싶다는 잠꼬대를 한다

엄마가 바르던 알로에 크림을 바르고 엄마인 척
알로에 화분을 키우는 고양이의 오후가 파릇파릇하다
젊은 날의 엄마처럼

고양이는 망을 보고 엄마는 알로에를 키운다

들어는 봤니, 검은 여관*

아프리카 사람들은 처음 맞이하는 달을
마음 깊은 곳에 머무는 달이라고 한다

세 모녀의 여행 가방을 그러안은 허름한 방
나란히 엎드려 짚어내는 서울 지도에는
처음 여행의 즐거움이 골목골목 기다리고 있었어
이별 같은 것은 건드려본 적 없는 포근한 밤이었지

하필, 그 허름한 여관으로 종양 같은 한 사내가 홧김에 들어왔어

불문 열리는 순간을 가만히 지켜보는 사내의 눈에 술이 가득했지

마음 깊은 곳을 여행하던 세 모녀는
붉은 동그라미의 혀에 갇히고 말았어
울음덩어리들만이 재가 되어 뒹굴고 있는 방
세 켤레의 신발만이 가만히 숨 쉬고 있었어

많은 꿈들이 잠에서 깨지 못한 아침
그을린 침묵들 납작 엎드려 몰려다녔지

저 불길을 꺼줄 착한 사마리아인의 눈물은
오래전 말라버렸고

열네 살 마술사의 꿈은 어디로 갔을까

필사적으로 웅크렸을 검은 지문들
닫힌 문마다 울었다

* 2018년 1월 방학을 맞아 서울에 여행 온 34살 엄마와 14살, 11살 자매가 만 오천 원 하는 허름한 여관방에서 술 취한 남자의 방화로 안타깝게 죽었다.

낭떠러지 엄마

봄의 귀퉁이가 무너지던 날
구름은 모서리를 열어놓았죠

몰아쉬던 숨을 놓아버린 엄마는 창밖의 매화꽃처럼 표정이 없었어요
소복을 입은 국화가 눈물을 쏟아도 입 다물고
살아서 머리 아프다던 향내에도 손을 젓지 않아요

뭉개져 우는 우리의 허물을 들고
구름 속으로 조용히 건너갔어요
눈물은 눈물끼리 뭉쳐 서쪽으로 무너지고
구름은 모양이 달라졌어요

멈춘 손목시계에서 이제 엄마는 발견되지 않아요
멀리 가지도 못한 엄마는 여전히 젖몸살 중인가 봐요

빨간 성에 갇힌 숫자에서 엄마가 와르르 쏟아져요
수북하게 쌓였다 멀어지는 엄마를 위해
통통 불어난 미역의 표정을 곁에 두고

멸치와 된장을 풀어 시래깃국을 끓여요
시원하게 드시라고,

잔소리를 가져올 수 없는 꿈속에서
엄마는 자주 미끄러져요
잠깐씩, 시름없는 엄마를 잠 속에 두고 오는 건
꿈속에서만 온전히 남아 있는 엄마 때문이에요

죽어서도 다른 명칭을 가지지 않는
죽은 엄마는 여전히 우리들의 엄마예요

미안하다는 말의 집은 어디일까요

십이월 잠 속으로 누군가 다녀갔다
살아서 겸손했던 날들에게
기억 속에 저장된 미소를 삭제해달라는
메모를 두고 갔다

푸른 미소를 오래 기억하겠다는 기일
염려로 묶일 대화에 대해서
먼 훗날 낯선 골목에서 우연히 스쳐가자고 했다

구부러졌던 손가락을 펴며 환하게 웃던 잠이었다
뒤통수를 치고 흑으로 전언을 남긴
당신의 세계는 자주 물방울이 흘러내린다

입술을 벗어나 허공에 떨어져도 도착하지 않을 말

미안하다는 말의 집은 어디일까

둥그렇게 무언가를 감싸고 있던
십이월의 겨드랑이에서 깃털이 날아가고

버려야 채워진다는 문장은
빈집의 골목을 떠나지 못하고 있다

호박넝쿨 뿌리를 깊숙이 묻어달라던 말
귓가에 남아 미어지는 첫 기일이다
가족의 가장자리 여백으로 살던 아버지
잠 속을 드나들며 하얀 국화를 흔드는

이 얼마나 속 깊은 뒤통수의 훅인가

안녕, 바로크

포르투갈 사람들은 일그러진 진주를 바로크라고 불렀어

비탈진 구석으로 바로크 그녀들 들락거리지
덩굴장미 창문을 열고 삐딱하게 인사하지
안녕, 바로크
안녕, 로코코

발칙한 그녀들 오후의 그늘로
참치캔을 든 휠체어 방향을 끌고 가지
수줍은 담요로 살짝 가린 고양이들

난 다산의 바로크
빨간 구두를 좋아하지

메뚜기처럼 뛰어노는 바로크 2세들
바다의 구석에서 탯줄을 자르고
바다를 닮은 구석을 좋아하지
어제의 빛과 오늘의 어둠이 만나
카라바조 없는 세상은 바로크 없는 무성영화

참치캔 같은 건 믿지 말자고

나는 오로지 나였을 바로크
너는 오로지 너였을 로코코

아주 밝은 흰빛이 구석을 밝히고 있어
아주 맑은 흰색이 구석을 지키고 있어

수백 년 전 진주를 삼킨 고양이들
야옹

레날라
— 숲의 어머니 바오밥나무

아프리카 한 부족은 바오밥나무가 죽으면
가뭄에서 사람들을 보호해준 어머니 같은 바오밥나무를 위해
장례식을 치러준다

숲의 어머니 바오밥나무
새들이 돌아오는 집
박쥐들 물구나무서라고 꼭꼭 감춰뒀던 가지를 내어주고
지치고 힘든 꿀벌들이 돌아오면 품어주는 가슴
건기에는 나무의 껍질을 벗겨 코끼리의 갈증을 덜어주는
레날라를 아프리카의 영혼들은 다 알고 있지

나무의 열매로 빵이나 주스를 만들어 부족의 배를 채우는 일은
제 속을 비우고 또 비워야 하는 일
비틀거림 없이 태풍의 손을 잡아야 고요한 아침이 온다는 사실은
레날라만 알고 있는 비밀,
아픈 누군가를 위해 나뭇잎을 끓이고

햇살을 당겨와 껍질에 바르면 질기고 반짝이는 섬유가
　밧줄이나 바구니가 되어 부족의 하루를 수다쟁이로 만들곤 하지
　나무 한가운데 빈 공간은 곡식 창고나 감옥으로 쓰기도 했어

　아낌없이 사랑을 발라주는 레날라가 죽어가
　지구 온난화는 가뭄을 달래지 못해
　몇 장의 물길도 통과시키지 못하고
　거대한 몸집을 유지할 물이 없어 고민하던 바오밥나무는
　숲속에 자신을 눕히고 하나둘
　어린 왕자가 사는 자기 별로 돌아가고 있어

남쪽 마녀

우리는 몇 년 만에 반갑게 통화를 했어
여러 안부를 통으로 물으며 서로의 안녕을 확인했지
함께 보낼 할로윈 파티를 조율하며 가면에 대해 물었지
내신 성적을 염려하던 친구는 호탕하게 웃는 가면을 쓰고 싶다고 했어

낯선 목소리들을 막지 못한 길이 비틀어지기 시작했어
바이러스가 막아놓았던 얼굴들이 한꺼번에 풀렸어
취약한 골목으로
가면들이 시도 때도 없이 쏟아져 쌓였어

얼굴이 얼굴을 밀며 심장을 강타한다는 밤의 문장들이
아프게 밀려가고, 구르다 보면 사거리에 도착할 거라는
남쪽 마녀가 호루라기를 불며 사람들 사이로 숨을 불어 주었어

아무도 의도하지 않았지만 기어이 벌어지는 일
그들은 죽고 골목은 아무 죄가 없다고 손사래 치지
우리는 그들을 사고사라 부르지

쓸모없는 소문들이 한 방향으로 흘러갈 때
골목마다 깨진 틈이 푸르게 상처를 드러내고
마녀는 어딘가로 사라져버렸지

열일곱 마르코 폴로 양

파미르 고원의 마르코 폴로 양은
아몬드꽃을 좋아하고 K-POP을 따라 부르는
가수 지망생이었어요

지망생,
아름다운 직업이지요
바람의 숨결에 리듬을 타며
초원을 걷는 지망생
페스튜카풀을 꾹꾹 씹으며 겨울을 견딘
야생 염소를 사랑하지요

겨울의 짐승들은
겨울 지망생이겠죠
설산의 유령, 눈표범은 눈 지망생일 거고요
초원에 엎드리면 풀이 흔들리고
돌의 등을 뒤집으면 물고기가 헤엄치는
자연의 지망생들,
배에서 강이 흘러야
목소리가 트인다는 마르코 폴로 양

목덜미를 물려 피가 흘러도
포기할 수 없는 아이돌 염소의 노래

눈이 녹으면 표범도 녹을 거라는
가요는 어차피 표절이었어요
달빛이 어두워지고
능선을 끌고 가는 긴 꼬리의
높고 황량한 땅 파미르의 눈표범,
고산의 유령

열일곱 마르코 폴로 양이 방심한
설화의 지망생

나만 모르는 다음 모자

눈을 감아야 보이는 새를 만지는 밤
숲에서 새 한 마리 날아간다
날이 밝으면 날아가 버리는 어둠처럼

모자가 새장이라고 생각하는 순간 새가 날아들고
모자에서 새를 꺼내는 일은 단순하지 않아
발목이 하얗게 떨릴 때까지 바라보아야 한다

손목을 긁히면서도 새에게 잡혀 있던 손으로 슬픔을 빻는다

멀고 먼 서랍 속의 작은 모자
엄마, 모자를 벗으면 다른 세계로 갈 수 있나요?
죽은 척 엎드려 흘러내리는 머리카락을 돌돌 마는 오후
새들은 매번 다른 목소리로 외출했다 돌아오고
누군가 나를 흔들고 지나갈 때마다 모자를 산다

모자를 사지 않는 날은 나를 꽁꽁 묶어 모자 안에 숨긴다
불현듯, 모자 속에 네가 숨어 있을 거라는 까마득한 생

각을 한다
　문이 없는 모자는 새들의 방
　모자의 직전은 쓰고 난 후보다 더 슬프다고 중얼거리며
　오려두었던 이름을 꺼내 새의 목에 걸어준다

잠행

나는 허베이성에서 가장 입이 큰 사람
세상사 떠도는 말 중에서 내 편인 말만 가려듣지

린통으로 사람들이 날아들어
나는 당신들을 모르지만, 당신들은 나를 아는 척
지루한 삶이 닿는 곳마다 줄은 길어지고 세상의 경계가 오므라든다는
설득력 있는 여행객이지
사실 나는 거울을 보지 않은 날들이 겹겹이 쌓여 습하고 어둑해

나는 오랫동안 사자들이 진을 친 어둠 속에 살았지
하지만 여긴 아직 은밀한 나의 성읍

화살이 나를 미행하는 줄도 모르고 순회하다 사구궁에서 병사를·당했지
나를 모해하는 저들의 입술에 조롱거리가 되어 여러 번 진나라를 떠나온 사람

무덤을 넓게 썼다고 욕하는 전라도 사투리가 이제는 알아들을 만해

  종이를 태우듯 느닷없이 찾아온 죽음 이후 나의 얼굴을 본 사람은 아무도 없어 세상의 부귀영화가 무색한 조용한 죽음이었지

  무덤은 누군가의 옆자리보다 먼 구석을 보는 사람의 등이 따뜻한 자리
  천사들의 조수인 한 여자가 묘혈에 잠자는 자들을 건드리며 몇몇 혼령들과 대화하는 시안

  원래 네가 사는 세상은 속이고 속이는 곳

  냉랭하게 그냥 지나가 비처럼
  보이지 않는 미행을 두리번거리면
  주춤거리는 걸음을 알아챈 미행에 덜컥, 그 후는 알 수가 없어

병마총의 병사들 아직도 슬픔의 눈동자를 굴리고 있어

나는 허베이성에서 가장 목이 긴 사람
기린처럼 짧은 잠을 자는 진시황

4부

당신들이 사는 세상은
몇 시인가요

계란프라이 마셔요

주먹과 눈빛으로 서로를 쓸어주며 환하게 웃을 수 없는 날들이 쌓여간다
눈에 보이지 않는 것들은 발자국도 없이 세상을 점령하고
거리두기는 가지런한 문장들을 흩어놓았다

여러 감정을 품은 동사들은 그날의 작은 움직임들을 기억하며
예측 불가능한 말들을 아끼지 않는다
받침 빠진 하루하루가 늘어나고 우리는 매우 복잡하지만 위로와 공감이 되길 원해

먼저 도착한 아침, 굴러갈 거 같은 노른자를 하얀 접시에 담아
식탁 위에 내려놓으며 명랑한 목소리로 말했어

계란프라이 마셔요

입이 찢어질 듯 웃는 식탁을 보니
무의식 속에 번져 있던 네가 말들을 섞어놓기 시작한

거야

　의식과 언어마저 보쌈한 로나
　다음은 또 무엇을 가져갈래?

구출나무

발목 위로 빗물이 차오르는 칠월

넘치는 슬픔이 버거워 하늘에서 폭우가 쏟아진다
다리 밑에 서서 강으로 뛰어드는 빗줄기를 바라본다
빗소리를 피해 새들이 다리 밑으로 날아들고
비와 우산 사이는 멀기만 하다

어디서부터 걸어온 청년일까

판교역까지 가는데 우산 같이 쓰고 가실래요
고맙다는 말을 듣고 우산 속으로 뛰어들었다

닿기 힘든 사람을 만나면 닿고 싶은 먼 사람을 생각하게 된다

바람을 품은 비는 강하게 흩어지며 달라붙고
청년의 한쪽 어깨가 흠뻑 젖는다

우산 안으로 드나드는 폭우 속에서

운중천 길이 참 예쁘다며 웃는 소리를 빗소리가 훔치고 있다

 편의점 앞에서 손을 흔들며 청년을 보내고
 스스로 지워진 아득한 얼굴이 생각나 들썩이는 파도처럼 울컥,
 비의 어깨에 의지해 들키지 않은, 고맙다는 말이 빗소리에 묻어간다

 잠깐 지나가는 폭우 속에서 마법 우산을 들고
 눈빛으로, 넘치는 그리움이 다녀갔다

 눈 맑은 청년이 돌아서 간 칠월이었다

 가끔은 파란 하늘을 향해 삿대질도 할 만하다

유월의 입술
— 사라진 문장은 야위지 않는다

출가한 문장이 돌아오는 계절
깊은 음모로 자욱한 이름들
그 이름을 죽일 수는 없어 칡뿌리를 씹는다

틈만 있으면 어디든 자리를 잡는, 칡넝쿨
허락 없이 남의 옆구리를 기어 올라간다
세상 별스럽게 굴지 말라고 빌려준 옆가지를
칭칭 감아 햇빛을 차단하고 서서히 죽게 만든다
숲속 질서를 망가뜨리는 방해꾼

우리는 칡뿌리를 나누어 먹으며 어른이 되었다
보라색으로 변하던 입술을 보며 깔깔대고 웃던 아이들
그땐 명랑한 햇살이 귓구멍을 들락거렸다

검은 서랍이 열리는 유세장으로 비린 문장들이 건너오는 시간
칡뿌리를 씹듯, 돌아온 문장을 씹는다
여기서 잠깐,
어른들은 누구나 비밀의 숲을 가지고 있어

귀먹은 새들을 키우고 있지

우리가 먹은 칡뿌리를 아무에게도 말해선 안 돼요
마음을 빌려, 고개를 끄떡이는 유월의 입술들

가끔은 사라진 문장의 안부가 궁금하다

큰엄마

밤하늘의 별은 죽을 때가 되면
몸집이 부풀어 거대해진다는 큰엄마의 이야기를 들은 후
어린 눈은 밤하늘 별에 잡혔다

아픈 몸으로 마당을 서성이는 큰엄마는 혼자 중얼거렸다
내일에 관심이 없어진 큰엄마는
두 손을 가지런히 베껴 삼베옷 위에 두고
귓속에 숨어 사랑한다는 말만 들고 갔다

구름의 직감이 새어나간 새벽은
우울한 벽시계처럼 울고 싶다고 중얼거렸다
간이침대에 얼굴을 묻은 울음들
서로에게 조금씩 기울어졌다
울음에 저항하는 물집은 여러 번 부풀다 터지며
국화 향기 번지는 계단 끝에
오래도록 앉아 있었다

먼 곳의 창을 끌어내릴 수 없는 많은 날들이 날개를 폈다

지나간 엄마를 바라보는 한 계절
물 깊은 꽃들 마당을 떠나지 못하고 오월을 흔들고 있다

슬픔을 입양한 봄날

떠내려가는 눈물을 평평히 말아 가슴에 넣던 날
구름이 부서지며 재가 내렸다 수요일에는
슬픔 없이 쏟아내는 말들을 자주 걸러주어야 해
머뭇거리지 말고 누군가

봄에는 까스명수가 잘 팔린다고 단골 약사가 체기를 얹어
여기저기 두들겨 맞은 봄날을 거슬러 준다
슬픔의 말투는 자주 재탕하지 말라고
죽어 땅속에 묻힌 사람들이 봄을 덜어가고 있다

재를 뒤집어쓴 채 누군가 지운 빈 이름을 부르며
슬픔이 지나간 자리마다 봄꽃들은 진심이 되었다

한때 꽃눈을 베고 누웠던 말간 얼굴은 꿈 속을 서성인다
잠 속의 사람들은 늘 맨발로 오는구나
주인을 기다리는 보라색 어그부츠를 찾아 나란히 둔다
서로의 곁이 따뜻한 신발들이 봄의 체기를 덜어낸다

비어버린 식탁의자를 보며 급하게 떠난 목소리를 쏟아

보다
　알 수 없게 되어버린 이후의 생을 생각한다
　같은 별에서 온 우리는 같은 별로 갈 거라는 주문
　우리를 엮어서 완성한 엄마라는 말

　나는 결국 네 엄마가 될 수는 없었다

러시안 블루의 다섯 번째 계절

은밀한 게임은 끝났다
자신을 지우고 싶었을까 그때마다 연기로 사라지고 있었다

기사 몇 줄에 팬심은 무너지고
우후죽순 쏟아지는 의혹들

순하고 애교 많던 러블, 앞발을 비비며 아니라고 청회색 오묘한 털을 세운다

예정된 추락을 예감하지 못했을까

우리들의 고양이 러시안 블루가 다섯 번째 계절에 갇히고 말았다
석류와 아몬드꽃을 사랑하던 고양이의 침묵 속에는 사막이 있었고,
파종된 실망들이 특별할 것도 없는 세상을 들썩이게 한다

길고 긴 파문 속 알약들, 레드 카펫 위에서 환호했던 기

억들은 후폭풍을 염려한다

  바람은 봄부터 겨울까지 이리저리 돌다 본래 불던 곳으로 돌아가지만,
  잊힌다는 것, 그것은 죽음보다 두려운 일

  드라마를 보듯, 우리들의 일상 너머 다섯 번째 계절은 아찔한 벼랑 끝이다

맨드라미의 거울

 바울과 함께 아프리카로 떠나는 맨드라미는 슬픔에 겨워 지나간 시절을 봉인하기로 했어

 사실 맨드라미의 비밀은 아름답다는 형용사를 거부하고, 화단의 중심에서 소란스러운 나팔꽃에 대해 혀를 지켜주기로 맹세한 거야

 성경에서 나오다 붙들린 친구 같은 아담
 일요일의 선악과를 들고 눈치가 보여

 슬하에 친구가 없는 맨드라미에게 일요일의 잠언은 구석을 지키는 자는 복이 있다고 파랗게 밑줄을 그어주었지 어리둥절한 잠언 아멘, 아~맴 목이 메고

 구석의 맨드라미를 발견한 어린아이들 용기를 내어 뛰어가 화평을 전달하네

 슬픔을 찬양하세요
 새로운 무지개를 주문할게요

맨드라미들의 귀를 열기 위해 해는 또 뜨겁게 달아오른다

사월의 슬픔을 굽다

 계절을 돌아 흘러온 사월의 슬픔이 땅을 뚫고 올라온다 수많은 울음을 수장한 그 바다는 잔잔하지만 기억은 지워지지 않는다 별꽃이 봄 마중을 나온 바람의 입술에 물려 울고 있다

 알 수 없는 그 길을 홀로 떠난 너는 천 리를 가고 만 리를 가 어린 왕자가 사는 별에 도착했을 거다 새로운 지번은 세상에는 없는 곳이기에 소리 내어 안부를 물을 수 없다

 서둘러 이별을 고한 것은 너의 사랑이 더 깊어서라고, 꽃피는 시기가 다르듯 지는 시기도 달라 떠난 후의 이별은 시작도 끝도 없다 아무도 매듭을 짓는 사람이 없어 굿바이, 라고 말해본다

 슬픔으로부터 자유로워지는 것이 이별의 끝이라고 입속말을 남겨보지만, 아득한 슬픔은 끝이 보이지 않아 어린 주목나무에 바람이 덜컥거리는 봄밤, 아픈 새 한 마리 울컥 건너온다

무심한 봄은 아무 일도 아니라는 듯 꽃망울을 터트리고
적당한 말이 생각나지 않는 나는 아직 슬픔을 굽고 있다

밀림을 건너다

또 한 계절이 다녀가는 밀림에 입술을 다문 꽃들이 낙하한다
순서를 따라 배달되는
생얼의 수국을 받아들자 비가 이어졌다

서로의 서정이 어떻게 결별하는지
꽃의 입술들은 알고 있지,
농담처럼, 무심하게 떠나야 할 때를

민낯의 수국을 수국답게 피워줄 거라는 첫 생각은 낡은 허기

목탄화 앙상하게 우거져
죽은 나뭇가지들만 늘려가는
그럴싸한 질서를 이해하는 일은
당나귀의 불룩한 배를 염려하는 일

스며들 수 없었던 그 어떤 날들 위로가 되는 묘사는 없어

오래전 충고를 길거리에 구겨버린 일에 대하여
우두커니 서성이는 시선들에 대하여
기웃거리는 의자에 앉아 농담을 주고받았지

천둥이 울고 비가 쏟아지는 저녁
겨울을 껴입고 떠난 민낯의 울음은 밀림을 떠나왔다

눈치 없이 부대끼는 바람의 골목 끝
막다른 목소리 좀처럼 늙지 않는다

닥나무의 주소는 어디인가요

숨 쉬듯
혼자 말하듯
바람이 눈에 담긴다

 따뜻하게 이별하지 못한 영혼들은 슬픔이라는 단어를 빌려 다시 태어나고
 슬픔은 마지막 종소리를 듣는 귀가 없어 안녕이라는 문장을 완성하지 못한다

 슬픔은 그리움에 기대어 사느라 다른 세상의 주소를 놓치고 있다
 젖은 눈에 말려든 시인의 등이 아득하다

가을 수묵화의 숨을 구부리면
한지에 스며든 온기가 숨을 열어주었다
그리움 안에서 눈을 뜨고 잠자는 너무 많은 영혼들

오동나무 살결을 따라 검은 한지를 바르면
묽은 풀이 먼저 손가락을 쓸어주었지

일회용 비닐장갑이 지나가는 자리마다 락스 방울이 스며들고
 검은 한지는 온전히 오동나무의 상처에 편입되고 말지
 살짝살짝 스쳐간 상처는 한지가 감추고 싶은 어둠의 시간,
 그렇게 몇 날이 지나면 연두의 색들이 슬쩍슬쩍 어둠의 시간들을 덮어주지
 어떤 상처는 오래 마르지 않아 한 계절 숨만 쉬고 있지

 닥나무의 안부가 궁금한 오래된 한지의 숨결은 여위어 가고
 풀리지 않는 우문들 보이지 않는 숨을 모아

 당신들이 사는 세상은 몇 시인가요

 혼자 삼키는 말이 붉다

연두의 등이 사라진 후

연두를 켜면
연두의 페이지마다 물오르는 소리가 들려요.
무덤마다 첫 봄이 오고
첫 연두들이 돋아요.
특별한 계책計策도 없이
몇몇의 생전을 배치했어요.

연두가 부푸는 느낌은
혹시 젖몸살일까요?
갓 입성한 죽음들은 무얼 먹고 자랄까요?
잊혀질까요?

연두색 풀들이 돋는 밤
종이컵으로, 다녀가라고 술 한 잔 부어주었어요.

연두의 두께 속에 빗방울들이 자랄 거예요.
웃자란 연두들이 책을 뚫고 엉킬 거예요.
안부를 햇빛 틈바구니에 놓아두고
마주보고 있다는 말은 닿을 수 있을까요?

이름만 붙어 있는 벽에 손을 대고 서성이다
읽게 되는 사람들의 일생
침묵하라는 묘비명은 없지만
아무도 입을 열진 않아요.

연두의 문을 열면 하늘색으로 변한
시집 한 권이 서 있어요.

고양이가 우산을 쓰는 이유

고양이의 꼬리를 보전하사
포악한 자에게 밟히지 않게 하소서

비탈길을 선호하는 바위는 틈을 만들고 고양이는 그 틈을 좋아하고
새끼를 낳아 틈바구니에서 양육을 하지 고양이는 난간의 색깔을 즐겨 입는다는 소문을 들은 적이 있어

맹수도 아니면서 주인이 없는 한밤의 파란 불빛들, 지붕과 지붕의 안부를 전하는 가벼운 점프! 검은 밤을 야옹야옹 뜯어먹는다

고양이의 수염은 예민한 안내자들,
또는 비상용으로 달고 다니는 균형추들

빗줄기는 축축한 철창, 고양이가 쉬면 지붕도 난간도 도트 무늬들도
쉰다 날카로운 발톱들의 과거 오래전에 호랑이가 걸어나가고 삵이 뛰쳐나가고 얼룩무늬들이 뜯겨져나간 작고

왜소한 고양이들

  간지러운 발톱이 자라는 고양이들,
  벚나무 그늘을 우산처럼 펴고 앉아 꽃잎을 핥는
  봄밤은 까끌까끌한 혓바닥이다

쾌청한 머리카락

엄마는 죽기 전 나에게
숨 쉬는 머리카락을 물려주었어요
바람이 불 때마다 머리카락들은
헉헉거리며 숨을 쉬었어요

아마, 헝클어진 나뭇가지들이 없었다면
새들의 집은 없었을 거예요
까치가 내 머리에서 날아간 뒤
나의 정수리는 늘 쾌청하지만
머리카락은 늘 자의적으로 타의적이죠

헝클어진 둥지에서
가지런한 새가 날아올랐고
주소가 사라진 엄마는
나에게 자꾸만 들키고 있어요

빨강이 반짝거리는 나풀거림을 갖고 싶어요
해나 그늘이 들렀다 가는 맨살을 갖고 싶어요

붉은 머리카락이 명랑해요
쾌청한 머릿결을 들추면 엄마의 참빗이 찰랑거려요
무지개는 쾌청하지 않아요
섞여 있는 것, 엉켜 있는 것
빗줄기는 엄마의 은발처럼 가지런해요
엄마의 참빗에서 엉키던 머리카락
난처하게 엉키는 습관을 두고
납작한 뒤통수는 아름답게 게을렀죠

아카시 햇살이 흘러내리는 그늘이
엄마의 새 주소래요
거기 코티분 냄새나는 참빗을 맡겨놓고 왔어요

아베와 마리아

물길이 닫히고 섬은 멀어진다
거북선은 아직 멀쩡하지만
아베와 마리아가 밀고 당기는 연주는 불협화음

아베가 마리아를 부르는 방식은 편견으로 가득해
아베의 가슴을 두드리며 최고의 하모니를 만들고 싶던
마리아는 피곤해 입술을 구부리며 랩을 부르지

아베는 입술 근육만 발달되어 있어
 하나의 세계와 같이 서로 손을 잡아야 한다는 말러의 지휘를 이해하지 못해

 뼈대 있는 악보를 읽지 못한 섬나라 아베는 마리아의 마음을 놓쳐버렸어
 모기처럼 조용히 다가와 빨대를 박아놓았지
 고집불통 마리아의 아집에 지쳤어 누가 먼저 중환자실로 갈까

 아베의 알레그로는 사선을 넘었고

마리아의 아다지오는 매일 진화하고 있어
같은 우물을 마시는 멀고도 가까운 이웃사촌
그들이 말러 없이 살 수 있을까

손을 내밀면 사과는 어디에나 앉아 있어
부끄러운 굴복이 아니라고
모든 사과는 열려 있지

검은 얼굴 양

스위스 미인대회 출신 블랙노즈 양
곱슬털을 자랑하며 화려한 꽃 디기탈리스를 닮고 싶어

어디서든 가파른 절벽을 타며 산을 넘는 양들을 보면
먼지를 일으키며 달려가지

신기하게도
하얀 얼굴 양을 꾸욱 누르면 차칸 양이 메에에엥
귀가 어두운 양들을 만나면 덥석 물고 놓아주지를 않아

순한 양의 마음을 오래오래 조려 여우 꼬리를 만들 거야

도덕성은 늘 꾸물거려 도착이 늦어
남의 마음을 잘 이용하는 도덕성 제로인 블랙노즈 양
꼬리를 흔들어야지
주인도 아닌 것이 주인처럼 뛰어다니며
내 이름은 검은 얼굴 양이에요
딸랑딸랑 종소리가 날 때마다 불성실한 꽃들이 **활짝활짝**

발목 근처에서 불쾌한 쓴맛이 지나가고 지나가도
기억에 대한 의미는 바뀌지 않아

눈이 어두운 차칸 양들 비탈길을 돌아서 돌아서 집으로
가는 길
강한 곱슬 털에 엉키면 메에엥
우리들의 분노는 힘이 없어 메엥

깎아도 깎아도 올라오는 검은 털
발톱을 감춘 블랙노즈 양의 입술에 엎어지곤 하지

거룩하게, 한 판

이팝나무 가지가 달을 반쯤 가린 밤, 보고 싶은 영혼이 가까이 와 있을 것 같은 날이다, 이제 흘러가도 되는지 묻고 싶은 손에 화투가 들려 있다

어제 죽은 아버지는 다음날 오전이 되어서야 가족들 귀에 당도했다
단지 배가 아팠을 뿐인데, 장에 천공을 만들어준 의사는 풍으로 오른손을
떨었다는 사실을 아버지 장례를 치르고 알았다
우리는 어제의 아버지 배를 열고 수술 칼이 지나간 자국에 물었다
내일의 아버지는 어디 있나요 하얀 하복을 입은 여고생이 다섯 살 동생의 손을 잡고 물었다

낙지 빨판처럼 소문을 달고 다니는 읍내 사람들은 달고 긴 잠을 잘 수 없었다 통증이 깊어 경계가 모호하게 흔들리던 시간이었다
겨자풀과 같은 날을 동생과 같이 어깨를 겯고 걸었다
이팝나무에 흰 꽃이 피면 기린처럼 목이 길어지던 사랑

이었다

　사철에 봄바람 불어온다는 찬송을 부르며 거룩하게 추도 예배를 드린 후, 많은 의혹들을 덮은 담요를 펼쳐 아버지가 들고 온 화투로 고스톱을 친다

　당신의 아내를 돌봐준 며느리 앞에는 천 원짜리 지폐가 쌓여가고, 얼굴도 보지 못한 장인어른을 부르는 사위 지갑은 얇아진다
　예상치 못한 시간 죽은 아버지를 탓하며 웃는 호탕한 웃음으로 추도 예배는 끝나고, 흩어져 구불거리던 마음들이 둥글둥글 뭉쳐진다

　옆에서 고리를 뜯던 딸에게 죽은 아버지 마흔의 젊은 모습으로 건너온다
　비가 지나가고 나니 상쾌하구나 산책이라도 나갈까
　흩어졌다 다시 만나는 사람들이 발자국을 가져갈지도 몰라
　그러니까 오늘을 가슴 뛰도록 가득하게 살아내렴

단지 배가 아팠던 아버지는, 마흔에 죽어 기일마다
고스톱 한 판을 들고 찾아온다

발문

연민과 애도의 맞춤법들

김경주

시인

말더듬의 언어

시인의 단어들은 말더듬을 한다. 시인은 말을 더듬고 있다. 이곳의 말과 저곳의 말 사이를 오가며 말을 더듬는다. 말더듬은 특정 소리나 음절을 빠른 속도로 반복하거나 지연하는 증상이다. 시인에겐 일상 대화 중간에 말을 더듬는 일도 흔해 보인다. 간밤에 시를 쓰다가 나왔기 때문이다. 시를 쓰다 나와서 말을 더듬으면 그는 이미 시인이 되어버린 사람이다. 시인은 하루 종일 말을 더듬을 때도 있다. 머리를 긁적이며 그는 말을 찾아 하루를 떠돈다. 그런 사람만이 시인이 되는 것을 시인은 잘 알고 있다. 시집에 수록된 시인의 말들은 말더듬 투성이다. 아니 말더듬으로 이루어진 하나의 복합어 사전 같다. 말더듬의 원인은 유전적, 발달적, 환경적, 심리적 요인 등이 복합적으로 작용하는 것으로 알려져 있다. 이 시인에게 말더듬은 어디서 오는 것일까? (후에 약술하겠지만 시인이 뒤적거리고 있는 시간에 있다) 시인의 시 속에 존재하는 단어들은 대부분 아이들이다. 성년이 아직 없다. 이 시인은 미성년의 단어들로 시를 쓰는 시인이다. 미성년의 단어들로만 시를 쓰려면 말더듬을 하는 수밖에. 시인의 단어들은 아직 아이들이어서 친구를 사귀는 것을 어려워하는 것이 시집 속에서 수시로 목격된다. 시인이 고른 미성년의 단어들은 '전화 통화, 교실에서 하는 토론, 학교에서 하는 놀이 등 말하기가 요구되는 상황을 의도적으로 피하기도 하고' 말을 더듬기 시작한다. 시인의 단어들이 미성숙해서가 아니다. (불필요한) 성장을 멈추기로 한 단어들처럼, 시인의 단어들은 말더듬을 한다. 프로이트가 꿈의 작업에 있어서 압축Verdichtung과 이동Verschiebung에 대해 설명하면서 형상 가능성에 대해 말한 것처럼, 즉 무의식의 형상 가능성은 하나의 이동에 가까우나 그것과는 명백히 다른 발전 과정을 통하여 실현되며 다양한 '언어표현의 교환'이라고 말한 것처럼. 시인의 말더듬은 미성숙이 아니라 '다른 언어의 교환'인 셈이다.

그들의 모임이 있고
수다는 점점 녹아 사라집니다.
섭씨를 견딘 사람들에게는 한랭전선 수치들이 있습니다.
겨울의 종족은,
한 번쯤 녹았던 종족들일 겁니다.
─「냉동인간 동호회」 부분

말의 좁은 산도産道를 지나가요 조심스럽게
초원을 뛰어다니던 목소리들이 담장을 넘고 남 이야기하듯 가볍게
말을 좋아한 사람들이 말을 모아 집을 짓고
출산을 했다고 축하를 받아요

읽는 사람의 심장을 다치게 하는 살아 있는 말들이 좋다고, 말은 당근을 먹으며 오물거려요

엄마 손을 놓친 불안전한 말들이 쌓여가는 식탁에서
내가 모르는 한 사람의 말을 발라먹고 있어요
─「시집 고아원」 부분

시인은 말을 꾸미지 못하고, 진실만을 이야기하려다가 도리어 말을 더듬기 일쑤다. 대부분의 성인은 말을 꾸미

는 데 익숙해져간다. 그래야 성인이 되어가기 때문이다. 하지만 시인은 시집 속에서 그러지 못한다. "봄날에 잃어버린 사람들 서로 다른 하늘에 잇대어 닮아가고/ 피고 지는 것들이 두 눈 가득 차"(「꽃피는 서랍」)올라서 차마 꾸미지 못한 말들은 말더듬이가 되어버린다. 말을 더듬었던 영국 국왕 조지 6세가 그랬던 것처럼, 사회적으로는 이 말더듬의 결과물들은 권위나 대중을 이끄는 데 필요한 능력으로는 부족할 것이다. 그런 언어들로 남을 공산이 크다. 그러나 시집 안에서 작동하는 운동성이라면 말이 조금 달라진다.

나는 사람의 나이와
동물의 순서로 태어난 사람
그래서 약속된 줄을 잘 서는 사람

(…중략…)

어쩌면 나와 평생 못 만날 수도 있다.
— 「말띠를 찾아서」 부분

역설적으로 시인의 말더듬은 사물의 순수성과 진실성을 향해서는 유려하다. 말을 더듬는 것은 시인이 원하는 소통의 방식이기 때문이다. 시인이 말더듬으로 세상과 소통하는 방식을 들여다볼 필요가 있다. 문학은 근본적으로 소통하려는 언어의 통로이다. 언어를 통해 소통하려는 자들의 글쓰기가 문학이고, 시인은 함축성과 은유를 통해 소통의 어려움을 밖으로 이끌어내기 위해 노력하는 자들이다. 이런 맥락에서 본다면 말더듬이라는 형식은 인간의 언어 자체가 가지는 한계나 소통의 장애를 뛰어넘기 위해 역설적으로 시도되는 소통의 형식이기도 하다. 어느 날 시인의 단어들은 어딘가에서 심하게 소통의 부재와 단절을 겪고, 너덜너덜해진 채로 시인의 품으로 돌아왔다. 거칠고 무자비한 세계에 달려 나갔던 순수한 단어들은 소통이 어려웠을 것이다. 사전을 빠져나간 단어들은 살아남거나 소멸된다. 시인은 밖에 나가서 옆구리가 터지고 입술이 갈라진 그 말더듬의 언어들을 데려와서 돌보기 시작했다. 문학사에는 진실성과 진정성을 역설적으로 표현하기 위해 말을 더듬는 인물을 내세워 이야기를 전달하는 방식이 존재해왔다. 화려한 수사와 거리가 먼, 꾸밈없는 진실을 말하는 인물로 자신의 이야기를 그려가기 위한 시도였고 언어의 '막힘'은 독자에게 오히려 언어 너머의 진정성 있는 메시지에 도달하게 만드는 효과를 가져왔다.' 말하자면 말더듬은 의미 생성의 과정이 지닌 기호 체계에서 다른 기호 체계로의 이동 가능성과 그것들을 다른 언어로 교환하고 전환하는 '가능성'의 언어이다. 이를 줄리아 크리스테파는 '전위'라고도 부르고 '시적 언어의 혁명'이라고도 부른다. 하지만 시인이 데려온 말더듬의 단어들은 단순한 메시지 전달을 넘어 조금 더 농밀하다. 단순히 메시지를 전달하기 위한 수단으로 머물지 않는다. 시인의 말더듬의 단어들의 언어적, 음운적 특징들을 좀 더 섬세하게 들여다볼 필요가 있다. 시인의 말더듬은 자신의 리듬 안에서는 매우 활발한 유창성을 보여주고 있기 때문이다. 이 리듬은 어디서 오는 것일까? 이 시인의 시집을 가득 채우고 있는 '말더듬 음운 능력'을 한번 살펴보자.

바람이 불지 않았는데 새들이 흔들렸다는
소문은 반복적으로 불어왔다

축제가 끝나기 전 골목이 닫혔다

할로윈을 제대로 읽어낼 시간이 부족했다
흥분한 토끼들이 당근을 던질 때
새들은 서로 등 떠밀려가는 중
골목에 갇힌 새들은 모퉁이 하나만 돌면 된다고
겁 없이 말했다

혼돈의 시간
햇살은 무심하게 그들을 훑고 지나갔다

서서 녹아내린 사랑이 아프게 스며든 골목
　사람의 몸을 빌려 태어난 서쪽 마녀는 골목을 벗어나
　어디론가 사라졌다

　낭떠러지를 닮은 골목
　죽음이 출렁거려도 아무도 보지 못했다

　날개를 접은 새들이 떠나지 못하고 이태원 절벽을 서성인다
　흔적을 찾을 수 없어 죽었는지 살았는지 모른다는
　절벽 아래 푸른 파도가 윙윙 현을 켜고
　좁은 틈 하나 내줄 수 없던 골목에 일찍 피어버린 하얀 국화꽃들

　새들의 심장은 세상 모든 어미들 태중에 들고
　그들을 아름답게 잠재워야 하는 우리는 자주 슬픔을 껴입는다
　—「서쪽 마녀」 전문

　말들은 낭떠러지 가까이 있다. 죽음으로 향해 걸어가는 이미지들을 시인은 어떤 단어로 호명해서 이쪽으로 다시 불러들이고 싶었을까? 이미지들은 시인의 목소리를 듣지 못하고 낭떠러지로 향한다. 시인이 보는 이미지는 서로에게 밀고 떠밀리며 낭떠러지 끝까지 간다. 그러곤 우리가 슬픔으로 바라볼 수밖에 없는 곳으로 떠내려간다. 시인의 언어는 말더듬이처럼 울부짖고 있다. 떠내려가지 말

라고 그곳으로 떠내려가지 말라고, 울음은 말더듬처럼 파편화되고 있다. 어떤 슬픔 앞에서 무슨 말을 해야 할지 모를 때 우리는 말을 더듬는다. 이때 시인의 단어들은 말더듬을 한다. 시인은 말을 더듬고 있다. 시인이 고른 말들은 떠내려가고 말더듬은 그것들을 붙잡을 수 없다. 시인은 슬픔을 더듬어가면서 속에 있는 무엇인가를 말해보려고 애쓰고 있는 것처럼 보인다. 그 말더듬은 때로는 눈물겹고, 때로는 차가운 바닷물처럼 가혹하다. 참담한 이곳을 너무나 잘 보여주기 때문이다. 너무 분명한 죽음은 말이 필요 없다. 너무 불분명한 죽음만이 무수한 말들 속에서 입을 벌리고 있다. 무엇인가를 말하려는 이들처럼, 입을 벌리고만 있다. "아프다는 말, 그건 살아 있는 사람의 것"(「실행되지 않는 날들」)이라고 쓰고, 시인도 말더듬이처럼 입을 벌리고 있다.

연민의 상상계

아인슈타인은 스스로 물리학의 가치를 믿는 자신과 같은 사람은 과거, 현재, 미래의 구별이 인간의 환상에 불과하다고 말한다. 현실이란 하나의 환상에 불과하지만, 무척이나 영속성이 있는 것일 뿐이라고. 우리가 이 세상에서 벌이는 일은 모두 원인과 결과의 법칙이 지배하고 있지만 다행히도 우리는 그 법칙이 어떤 것인지 아직 알지 못한다고.

시인은 시간 위에 내리는 눈을 바라본다. 최소한의 언어로 내리는 눈을, 인간의 말 위로 내리고 있는 눈을, 그리고 시인은 시를 쓰기 위해 다시 말을 더듬는다. 그에게 시는 인간을 단순한 육체 속에서 끌어올려 그 생활방식을 고귀한 것으로 만들고 개인을 자유로 이끄는 것을 목적으로 하고 있다. 그리하여 시인은 정성을 다해 말을 더듬는다. 시인이 바라보는 대상은 죽음과 슬픔으로 가득차 있지만 시인은 그 슬픔과 죽음에 함부로 장식을 달거나 스피커를 달아주는 행동은 하지 않으려 한다. 시인은 말들 더듬으며 소곤소곤 그들에게 눈빛을 주고 눈가를 닦아주고 집에 데려와 더러운 곳을 닦아주고 따뜻한 물을 내어주기도 한다. 어떤 시인은 상상력으로 시를 빚어내기도 하지만 어떤 시인은 자신만의 상상계가 존재한다. 이 시인은 후자에 해당한다. 슬픔을 슬픔으로 내버려두지 않으려고 죽음을 아픔만 가득한 소혹성으로 내버려두지 않으려고 그는 자신의 꿈속으로 말들을 데려오고 그들이 할 말을 못 하고 말을 더듬을 때 안아주고 있다. 포옹의 언어를 함부로 찾지 않으려는 시인의 언어는 그래서 늘 말을 더듬을 수밖에 없지만 시인의 언어는 연민의 상상력으로 가득찬다. 개인의 비극과 비애가 사회적 층위로 올라와 우리들의(인류의) 슬픔의 상상력이 될 때 그것은 현실을 능동적으로 보여주는 연민이 될 수 있다.

시인은 시간을 향해 말하고 있다. 시간에 대한 인식은 이 시인을 연민의 상상력으로 가는 통로로 안내한다. 우리는 모두 한 번씩은 사라질 수밖에 없는 존재이므로, 다른 시간을 뒤적거리는 시인의 곁눈질이 시작된다. 시인은 기억의 구석에서 "빨간 사과 한 켤레"(「빨간 구두」)를 발견하기도 하고, "물결무늬 짐승의 발자국"(「물결무늬 짐승」) 같은 것을 발견하고, "타인의 상처에 소금을 바르는 입술들"(「실행되지 않는 날들」)을 보기고 하고 "실행되지 않는 날들"의 소혹성을 발견하기도 한다. 그러곤 "아버지의 수첩에서 가져온 서사들"(「당신은 서어나무입니까」)로 말 속에 피어오르는 서어나무를 짓고 한없이 바라보기도 하고 "할머니의 화로"(「할머니의 화로」)가 먼지들의 서랍이 되어가는 것을 바라보고 있다.

이 시집은 연민의 시선으로 가득찬 시집이다. 시인이 연민의 상상력으로 바라보는 세계는 다른 시간을 찾아 헤매는 시간과 다름이 없다. "주인 없는 마당에 방치된 구근식물들에게 옮아 붙은 기침"(「친환경 결별을 꿈꾸다」) 같은 표현은 이 시인의 시적 사유가 가장 분명하게 드러나는 곳이다. '굳이 말하자면' 이 시인은 시간 속에 뿌리내린 뿌리들을 찾아내는 데 매우, 누구보다 예민한 감수성을 가지고 있다.

  엄마를 벗고 부활한 꽃들, 본래 엄마는 꽃의 뿌리여서 봄마다 홀로 눈부시다
  —「꽃피는 서랍」 부분

  시인은 일상의 사소한 순간부터 아주 먼 미래에서 들려오는 소리까지 시간들의 부스러기를 그냥 버리지 않는다. 메모하고 기록하고 만져보고 나서야 시적 언어로 데려온 시들은 그래서 부스러기가 다 되어가지만 본인들의 소명을 다하고 있다. 이탈한 별빛의 횡단들처럼, 주류에서 비주류로 간, 우리의 인식 속으로 들어온 존재들은 모두 시적인 슬픔과 보호를 받으며 살아가야 한다는 듯이, 그는 연민의 단어들을 쓰다듬고 말을 걸고 결국엔 시로 데려온다. 그리하여 시집 속에 뿌리내린 시들은 하나의 거대한 나무 아래 흩어진 가지들처럼 숨쉬고 있다. "살아서 그다지 애틋하지 않았던"(「목요일이었던 여자」) 당신들조차 시인이 빌려준 단어의 체온 속에서 살아간다. 누군가를 사랑하고 누군가를 미워하고, 누군가를 그리워하고, 누군가를 떠나보내고, 누군가를 다시 맞이하는 일. 사람이 사

람과 할 수 있는 일, 사람이 퉁퉁 부어 있는 저녁에, 안부처럼 날아오는 밤에, 죽어가는 별을 잠시 스치는 빛처럼, 우리가 사는 일부의 세계로 연민은 침투하고 날아온다. 고통과 침묵이 필요한 시간을 지나 시인은 그 시간에 귀를 기울인다. 말더듬조차 멈추고 다른 시간으로 들어가기 위해 입을 벌리고 있다. 이 시간에 어울리는 얼굴로는 탈락했지만 다른 얼굴로는 탑승할 수 있는 시간대가 있다는 것을 알고 있었다는 듯이, 시인은 자신의 삶으로 찾아온 무수한 연민의 서랍들을 달그락거리고 있다.

지금 꽃은 다른 얼굴을 하고도 꽃시절이다
─「꽃피는 서랍」부분

애도를 위하여

눈치 없이
죽은 엄마가 불쑥불쑥 잘 나타난다
눈 속에 그렁그렁 고인다

(…중략…)

어젯밤 꿈속에서 엄마는
아카시아 꿀을 먹고 있었다

(…중략…)

굳은 엄마의 꿀을 흔들어본다
단내를 품고 있는 엄마의 꿀
죽으면 눈치가 없어진다는 말을 들어본 적이 있다
　—「죽으면 눈치가 없어진다는 말을 들었다」 부분

　애도의 상상력이 남아 있다. 시인의 단어들이 말더듬을 하면서 애도하고 있다. 시인은 누구를 위하여 무엇을 위하여 애도하는가? 시인은 말한다. "어떤 봄은 용기를 내서 울어야 사용할 수 있다"(「봄을 어떻게 사용하느냐고 물었다」)고, 봄을 어떻게 사용하느냐고 묻는 사람에게 그는 그렇게 답한다. 애도를 위해 단어들은 담백하게 비어 있다. 어느 곳이나 필요한 애도가 있다. 애도는 어디에도 있어야 하는데, 우리가 사는 사회는 충분한 애도를 하기도 전에 망각을 시도하고 있다. "땅에 심겨진 것들은 환생이 빠르다"(「친환경 결별을 꿈꾸다」)고 일단 말해두고 싶어지기도 하고, "깊은 모략과 삭발은 서로 다정"(「화랑공원 남편」)한 것이라고 당신은 애도가 더 필요한 세상이라고 말하고 있다. 시인의 애도는 사소하기도 하고 거룩하기도 하다. 그런데 이 시인이 애도를 말하면 어쩐지 더 울컥해진다. 어떤 구절을 밟았다가 문득 서러워지기도 한다. "서러움이 앞서가는 아침/ 아버지 손전화는 수몰 지구다."라고 툭 내뱉는 저 목소리를 외면하기가 힘들다. "땅 한 평 없이 돌아간/ 아버지의 평생이 겁게 젖는 밤/ 모과나무 손 아래서 엎드려 울었다"(「모과나무 아래서 오래 울었다」)라고 말하자 마음이 엎질러지곤 한다. 사라져 가는 것들을 향해 바치는 시인의 애도는 힘이 세다. 다시 시인의 단어들은 무언가를 애도하기 위해 말더듬을 하기 시작한다. 시인은 진실된 말을 찾아 더듬기 시작한다. 여기 눈치 없이 꿈에 불쑥 나타나는 엄마에 대해 시를 쓰는 한 사람이 있다. 그가 쓰는 시를 '연민과 애도로 시작된 맞춤법들'이라고 써놓고 불러본다. '연민과 애도의 맞춤법들.' 끝

달아실시선 102

미안하다는 말의 집은 어디일까

1판 1쇄 발행	2025년 12월 12일
지은이	연명지
발행인	윤미소
발행처	(주)달아실출판사
책임편집	박제영
기획위원	박정대, 이홍섭, 전윤호
편집위원	김선순, 이나래
디자인	전부다
법률자문	김용진, 이종진
주소	강원도 춘천시 춘천로 257, 2층
전화	033-241-7661
팩스	033-241-7662
이메일	dalasilmoongo@naver.com
출판등록	2016년 12월 30일 제494호

ⓒ 연명지, 2025
ISBN 979-11-7207-079-3 03810

이 책의 일부 또는 전부를 재사용하려면 반드시 저작권자와 (주)달아실출판사 양측의 동의를 얻어야 합니다.

• 잘못된 책은 구입한 곳에서 바꿔드립니다.
• 책값은 뒤표지에 표시되어 있습니다.